BALLET

DE LA
JEUNESSE,

REPRÉSENTÉ

devant LE ROY, dans le Palais des Thuilleries,

Au mois de Février 1718.

De la Composition de Monsieur de BEAUCHAMPS, pour les Paroles; de Messieurs MATOT & ALARIUS, pour la Musique; & de Monsieur BALLON, pour la Danse.

DE L'IMPRIMERIE

De JEAN-BAPTISTE-CHRISTOPHE BALLARD, seul Imprimeur du Roy pour la Musique, A Paris, au Mont-Parnasse.

M. DCC.XVIII.

Par exprès Commandement de Sa Majesté.

ACTEURS
DANSANS DANS LE BALLET.

ENTRE'E DE LA JEUNESSE.

Mefdemoifelles Javilliers-L. Javilliers-C. la Batte,
& Matot.
Meffieurs Boifot, Marterre, l'Anglois, la Mothe, & Paris.

ENTRE'E DE BERGERS, & DE BERGERES.

Mademoifelle Prevôt.
Mefdemoifelles la Ferriere, Hareng, Ménés, & Emilie,

Monfieur Ballon.
Meffieurs Blondy, Marcel, Dumoulin-D., & Laval.

ENTRE'E DE LA FOLIE.

Meffieurs Dumoulin-B. Dumoulin-P. Javilliers,
Dangeville, Guyot, & Pecourt.

ENTRE'E DE LA SAGESSE.

Les mêmes Danfeurs de l'Entrée de la Jeuneffe, &
de celle des Bergers.

á ij

PERSONNAGES.

LA JEUNESSE. Mademoiselle Matot.

PREMIER PLAISIR. Monsieur le Prince.

DEUXIE'ME PLAISIR. Monsieur Muraire.

TROISIE'ME PLAISIR. Monsieur Guinard.

UNE BERGERE. Mademoiselle Bury.

UN BERGER. Monsieur Boutelou.

LA FOLIE. Mademoiselle Dandrieux.

Une Suivante de la Folie. Monsieur le Prince.

Un Suivant de la Folie. Monsieur Muraire.

LA SAGESSE. Mademoiselle Couperin.

Chœur de Plaisirs.

Chœur de Bergers.

BALLET

BALLET
DE LA
JEUNESSE.

SCENE PREMIERE.

LA JEUNESSE, & ſa Suite.

LA JEUNESSE.

Plaiſirs, qui volez ſur mes traces,
Raſſemblez-vous autour de moy ;
Venez avec toutes vos graces,
Amuſer le loiſir du plus AIMABLE ROY.

BALLET

Son auguste présence
Doit exciter votre ardeur en ce jour :
Jeux, qu'autorise l'innocence,
Doux Amusemens de l'Enfance,
Regnez, c'est vôtre tour.

Les Plaisirs forment des danses.

Pour mieux luy marquer vôtre Zele,
Reprenez une ardeur nouvelle ;
Chantez, formez pour luy les plus charmans concerts,
Chantez, portez son Nom au bout de l'Univers.

CHOEUR.

Chantons, formons pour luy les plus charmans concerts,
Chantons, portons son Nom au bout de l'Univers.

On danse.

TROIS PLAISIRS.

Qu'il est doux de vivre
Sous un si grand Roy !
Qu'il est doux de suivre
Sa charmante loy !

PREMIER PLAISIR.

Les Dieux l'ont fait naître
Pour nous rendre heureux,
Quel aimable Maître !
Puisse-t-il un jour l'être
De nos derniers Neveux.

ENSEMBLE.

Qu'il est doux de vivre
Sous un si grand Roy!
Qu'il est doux de suivre
Sa charmante loy!

DEUXIE'ME PLAISIR.

Sur son front éclate
La douce gayté;
Tout ce qui plaît, tout ce qui flate
Anime sa beauté.

ENSEMBLE.

Qu'il est doux de vivre
Sous un si grand Roy!
Qu'il est doux de suivre
Sa charmante loy!

TROISIE'ME PLAISIR.

Sa douceur tempere
L'éclat de la Majesté,
L'esprit & la bonté
Forment son caractere.

A ij

CHOEUR.

Qu'il est doux de vivre
Sous un si grand Roy!
Qu'il est doux de suivre
Sa charmante loy!

Marche champêtre qui annonce des Bergers.

SCENE DEUXIÉME.

LA JEUNESSE, Bergers & Bergeres de sa suite.

LA JEUNESSE.

Es Bergers d'alentour une Troupe s'avance,
De leurs accens retentissent ces lieux :
Venez, Bergers, venez, vôtre présence
Embellira nos jeux.

Suite de la marche champêtre.

UN BERGER.

Quel spectacle icy nous enchante !
D'un Prince aimable & gracieux
La présence augmente
La beauté de ces lieux !
Tel qu'une fleur naissante
Son éclat éblouït les yeux.

BALLET

UNE BERGERE.

Déja par ſa bonté nos allarmes finiſſent,
La douce paix ſuccede à nos malheurs ;
Que nos Hameaux de ſon Nom retentiſſent,
Qu'il ſoit gravé dans tous les cœurs !

CHOEUR.

Que nos Hameaux de ſon Nom retentiſſent,
Qu'il ſoit gravé dans tous les cœurs !

UN BERGER.

Que ſous ſes pas naiſſent des fleurs,
Que tous ſes deſirs s'accompliſſent ;
Chantons, celebrons ſes faveurs,
Qu'à nos chanſons nos Muſettes s'uniſſent.

CHOEUR.

Que nos Hameaux de ſon Nom retentiſſent,
Qu'il ſoit gravé dans tous les cœurs !

Un BERGER, & une BERGERE.

Pour plaire à nôtre auguſte Maître,
Uniſſons nos jeux & nos chants,
Que devant luy viennent paroître
Tous les plaiſirs des champs.

On danſe.

UNE BERGERE.

Plus ces beaux lieux ont de quoy plaire,
Moins je puis les aimer,
Je crains que mon Berger ne s'y laiſſe charmer,
Que pour un cœur tendre & ſincere.

La Cour
Eſt un redoutable ſéjour !

UN BERGER.

Je ne me plais qu'où vous êtes,
Ne craignez rien pour mon amour,
Je vous aime autant à la Cour
Qu'au fonds de nos retraites ;
Vous pouvez ſeule engager
Le cœur de vôtre Berger.

On danſe.

UNE BERGERE.

De nos plaiſirs rien ne trouble les charmes,
Sans crainte, ſans allarmes
Nous y livrons nôtre cœur,
Toûjours aimables,
Toûjours durables,
L'uſage même augmente leur douceur.

UN BERGER.

Boccages verds , charmans Aziles,
Sombres Forêts , Vallons délicieux ,
Vous fûtes autrefois les délices des Dieux :
Pour vous ils quitterent les Villes ,
Puiſſe LOUIS , un jour comme eux
Aimer vos retraites tranquilles.

Symphonie éclatante.

SCENE

SCENE TROISIÈME.

LA FOLIE, sa suite, & les Acteurs
de la Scene précédente.

LA FOLIE.

Uoy! dans ces lieux, on danse, on rit, on chante,
    Sans me prier?
GRAND ROY, l'on veut donc t'ennuyer?

Toute Fête est languissante,
Lorsque je suis absente;
Il n'est point icy-bas
De plaisirs où je ne suis pas.

La raison n'est que mélancolie,
    Sans la Folie
Les Jeux n'ont point d'appas;
    Il n'est point icy-bas
De plaisirs où je ne suis pas.

On danse.

B

Un **F O L**, & une **F O L L E**.

E N S E M B L E.

Toûjours folâtrer, toûjours rire,
O le charmant délire !

L E   F O L.

Que les Fous font heureux !
Contens dans leur douce manie,
La crainte, l'efpoir, ny l'envie
Ne troublent jamais leurs vœux,
   Les plaifirs de la vie
   Ne font faits que pour eux.

L A   F O L L E.

Vous êtes fait exprés pour plaire.

L E   F O L.

Vous avez mille appas.

L A   F O L L E.

La beauté la plus févere
Ne vous refifteroit pas.

L E   F O L.

O le beau vifage !

LA FOLLE.

O l'aimable jouvenceau!

ENSEMBLE.

Plus je vous vois, plus je m'engage.

LA FOLLE.

Plus je vous vois, plus je vous trouve beau.

ENSEMBLE.

Le sot personnage
Que celuy de Sage!
Le sot personnage!
Il n'est bon à rien.

Quel est son partage?
Un sombre maintien,
Un morne entretien.

Le sot personnage
Que celuy de Sage!
Le sot personnage!
Il n'est bon à rien.

On danse.

B ij

LA FOLIE.

Dans mon aimable empire
On ne songe qu'à rire.

C'est le vray séjour des plaisirs,
Avec moy tout enchante :
Venez, Jeunesse charmante,
Vous livrer à tous vos desirs.

Dans mon aimable empire
On ne songe qu'à rire.

Symphonie douce.

SCENE QUATRIÉME.

LA SAGESSE, LA JEUNESSE,
LA FOLIE, & leur suite,

BERGERS & BERGERES.

LA JEUNESSE.

*Ais quel Objet frape ma vûë ?*
Que vois-je ? O disgrace imprévûë !
Que fait la Sagesse en ces lieux ?
Vient-elle interrompre nos jeux ?

LA SAGESSE.

Je ne puis sans couroux souffrir ce qui s'y passe,
De vains plaisirs remplissent les momens
D'un Prince, dont je dois occuper tout le tems :
Fuyez, & me cédez la place,
Inutiles Amusemens.

LA JEUNESSE.

Tu viens trop tôt, importune Sagesse,
Tu n'es pas de saison , attens,
Tu vas avoir ton tems ;
Mais laisse à la Jeunesse
Encor quelques instans.

LA SAGESSE,

Quoy ! la Folie....

LA JEUNESSE.

Eh bien , il faut te satisfaire,
Tu veux la chasser, j'y consens.

LA SAGESSE.

Ce party seul pouvoit me plaire ,
Je ne m'oppose plus à vos jeux innocens.

On chasse la Folie.

Profite , AIMABLE ENFANT, *des plaisirs de ton âge,*
Ils vont bien-tôt finir pour toy :
Quand tu sçauras ce que c'est qu'être Roy,
Tu voudras l'être sans partage.

Profite , AIMABLE ENFANT, *des plaisirs de ton âge.*

On danse.

Tandis que confacrant fes foins à tes Etats,
Un Heros affermit, foûtient ton Diadême;
Conduit par des Mortels que j'ay formez, moy-même,
Ton cœur de la vertu cheriffant les appas
Sera plus grand un jour que ta Grandeur fuprême.

J'ay pris foin de leur enfeigner
Le chemin qui mene à la gloire:
JEUNE HEROS, pour bien regner,
Il te fuffira de les croire.

CHOEUR.

Son Regne nous promet le deftin le plus doux,
Qu'il vive, c'eft affez pour nous.

Que des bras de la Victoire
Il vole dans ceux de la Paix,
Qu'il réüniffe à jamais
Les Plaifirs avec la Gloire.

On danfe, enfuite le Chœur repete.

Son Regne nous promet le deftin le plus doux,
Qu'il vive, c'eft affez pour nous.

FIN.

www.ingramcontent.com/pod-product-compliance
Lightning Source LLC
LaVergne TN
LVHW011508170726
843501LV00009B/3667